AM MEER

Gedichte

Flora von Bistram

AM MEER

Gedichte

Flora von Bistram

Ja, ich liebe den rauen Wind,

die Wellen, Sonne und Sand

Wasser ist mein Element

Am Meer zu Hause

Ich bin am Meer zu Hause
dort treibt es mich stets hin,
brauch ich nur eine Pause
sucht Ruhe all mein Sinn.

Fühl ich mich mal ermattet,
möcht still nur in mir ruh'n,
dann sei es mir gestattet,
ganz einfach nichts zu tun.

Ich lausche still dem Schwingen,
auf dem die Sehnsucht flieht,
die mich im Traum will bringen,
wohin mein Herz mich zieht.

Ich hör die Wellen rauschen,
schmeck Meeresluft und will
dem Wasserkonzert lauschen,
so wird es in mir still.

Mein Wünschen, mein Begehren
fliegt mit dem Wind hinaus,
durch alle Weltensphären
trägt er's ins Klippenhaus.

Erwacht aus meinem Sinnen,
umfängt das Leben mich,
ich konnte Kraft gewinnen
mein Tag, hier komme ich.

1997

Abschied am Meer

Diese wunderbaren Momente
setzen warme Schatten
und Horizont zerfließ in mildem Licht.
Herb-salzig schleicht sich das Meer
in mein Bewusstsein,
mischt sich unter die üppigen
Düfte der Reife.
Möwenrufe
Mein Herz folgt
dem Flug der grauen Schar
und die Dünen wandern
unter meiner fühlenden Hand.

1996

So frei

Ich träume mich weg
aus dem hektischen Alltag
und fliege mich frei
mit den Wünschen in mir.

Ich atme die Sonne
und wühl mich durch Wolken
Sink langsam hernieder
am schäumenden Meer.

Ich tauch durch die Wellen,
hab Sand in den Haaren
und streife wie Seetang
die Sorgen hinweg.

Ich lach mit den Möwen
und schreibe mit Muscheln
ein frohes ICH LEBE
als Gruß an den Strand.

1981

Am roten Kliff

Des Meeres Salz schmeckt pur nach Leben.
Des Wassers Rauschen in den Ohren,
fühl ich mich stets wie neu geboren,
die Sonne kann die Kraft mir geben.

Die Insel Sylt heißt mich willkommen,
betörend starke Inseldüfte,
der Wellen Lieder, Dünenklüfte –
nur Freude, denn jetzt wird geschwommen.

Von Fluten einmal wild umschlungen,
ein andres Mal ganz sanft getragen,
und bei der Möwen hellen Klagen
fühl ich von Glück mich ganz durchdrungen.

Ich laufe barfuß viele Stunden,
muss jedes Sandkorn wärmend fühlen,
den heißen Körper schwimmend kühlen,
will diese Insel so erkunden.

Am roten Kliff bleib ich still stehen
die Wunderwelt will langsam schwinden,
zerfressen von der Flut, den Winden
kann's nur mit Menschenhand bestehen.

Wie klar zeigen Naturgewalten,
dass sie beherrschen unser Land,
es liegt nicht mehr in unsrer Hand,
wenn sie die Küsten umgestalten.

1997

Stromschnellen

Leben der Atemlosigkeit
beruhigt Auslaufen
im See der Schönheit
des Bewussten

Am Meer

Möwenschreie, Meeresrauschen,
Wolken, Wind und Sonnenschein,
in den Wellen toben und lauschen,
lässt mich Eins mit ihnen sein.

Unser Herbst am Meer

Mit dir lebe ich
das Schweigen der leeren Strände
und wir fühlen uns umarmt
vom rotgoldenen Horizont

Wir verfolgen still
den verwischenden Nebel
und sehen noch die Farbenspiele
so bunt sie der Sommer trieb

Uns bewegt
das Verstummen der Laute
friedvoller Übergang des Jahres
und die Stille leuchtet in uns

1983

Unsere Muschel-Finde-Tage
verwaschen unter gebrochenen Wellen
Brandung malt ein neues Bild
Nur unendliche Weite ohne das Uns
Ich fühle die andere Schönheit der Zeit

1977

Urlaub

Sonne sticht
bringt Lebensgefühl
Wasser fließt träge
Wir empfinden
liegend am Ufer
Genuss der Freiheit
Urlaub

1988

Ein Becher, gefüllt mit Glück...

Wieder ein gelungener Tag ,
gefüllt mit dem Gefühl
Gedanken austauschen zu können,
verstanden zu werden.
Glück,
miteinander Natur zu erleben.
Himmel, Wasser und Wind
Seelen, die sich nahe sind.
Harmonie, vermittelte Ruhe,
die Schwingungen weiterleitet,
die wir in den Wellen leben.
Entspannung,
trotz der Spannung,
die im gesprochenen Wort immer liegt,
ohne den Albtraum der Langeweile.
Danke
für das Glück der Gemeinsamkeit.

2000

Die Spanische Nacht

Diese Nacht ist berauschend -
sternenklar und verwirrend.
Atemlose Lust weckt der große,
rot-goldene Mond.

Das Dämmerlicht umfängt uns.
Dieses Licht,
kühl und warm zugleich,
das die Haut so sinnlich,
so verführerisch schimmern lässt.

Ein leichter Wind vom Meer,
der sanft die Seele streichelt.
Milde salzige Luft,
von der man nie genug atmen kann.

Ein zarter, berauschender Hauch,
der uns immer wieder zittern lässt -
aber nicht vor Kälte.

Ich kann mich nicht bewegen,
aber ich will es auch gar nicht.
Du siehst die Lust
in meinem Auge glitzern,
wie ich auch in deinen.

Wenn alle Nächte so wären
bräuchte ich keine Tage mehr.

Almeria 1989

Himmel und Meer

Umfasset mich, Wellen des Meeres,
kühlet die Hitze meiner Leidenschaft,
spült die heißen Tränen der Enttäuschung,
mildert das pochende Verlangen meiner Lenden.

Tragt mich, Schwestern des Ungestüms,
haltet mich fest im Traum des ewigen Fließens.
Werft mich nicht an das Land der Erkenntnis,
der bitteren Einsicht und der dunklen Vorwürfe.

Großes Wasser, geliebte Mutter des Seins
gib ab von deiner Macht und trage mich empor
im lustvollen Auf und Ab deiner kraftvollen Arme,
dahin gleitend, prickelnd wie die Schaumkronen.

In deinem Spiegel schaue ich den Himmel,
erkenne mich selbst in dem Veränderlichen,
in dem Hell und Dunkel, dem Hoch und dem Tief.
Danke Meer, danke Himmel, ich fand zu mir.

2005

Ohne Zwänge

Ein Fisch müsste man jetzt sein
im tiefen Meer.
Einfach nur schwimmen
und sich treiben lassen
durch Wellen und Gischt.
In dieser heißen Zeit-
eine Wohltat für den Körper,
Balsam für die Seele.

Für nichts mehr verantwortlich sein.
Sich frei fühlen ohne Schranken.
Um uns herum nur unergründliches Blau,
wechselnd bis zum tiefsten Grün.

Tag und Nacht am Himmel erkennbar.
Hinabtauchen zu den Träumen der Natur,
Gleichartigem begegnen
und doch Fremdem,
aber ohne die Zwänge der Etikette...

2005

WIR

Nur ein Blick-
Funken-
Meeresbrandung im Kopf!
Heiße Wogen
durch den angespannten Leib,
zeigen mir -
ICH LEBE!
Öffne die Pforte des Himmels.

Führe mich den Weg
des Alles Vergessens.
Nimm mich in Besitz,
so wie ich dich
mir zu eigen mache.
Willenlos
im Rhythmus des Blutes,
im rauschenden Takt des Meeres
So stark.
Du- Ich- Wir

2000

Brandung der Zeit

Lauschen wir
den Gesängen der Meereswellen
Ihre Melodien rauschen
im Sturm unserer Herzen
Die Brandung der Zeit
wird ewig mit dem Wind
unsere Liebe singen

Brandungslied

Brandung malt Wellen im Sand
Blautöne von Wasser und Himmel
werden versilbert vergoldet
in Purpur getaucht
von der untergehenden Sonne
Wir bleiben wortlos
das Lied des Meeres
schwingt mit unseren Herzen

1976

Brandung des Lebens

Meer
Rausche das Lied der Entstehung
Wellen
Tanzt mit mir die Tänze des Lebens
Wind
Pfeif unser Lied in vielen Oktaven
bevor es verklingt
in der Brandung des Lebens

1977

Dünen

Dünen wandern im Wind
von unsichtbarer Hand
in Hügel und Täler
immer neu formiert
dem Lied der Wellen folgend

1977

Sand

Flirrend heiß im Sonnenlicht,
kraftvoll verschoben
durch der Wellen Rhythmus.
Weißer, mit Muscheln gesäumter
Sand - Strand

Möwen

Ich lausche dem Lied
des Ursprungs unseres Lebens,
Meeresrauschen.
Heisere Rufe wecken mich
aus meiner Versunkenheit.
Weißes Federkleid
blitzt im grellen Licht der Mittagssonne.
Muschelreich und menschenleer
lädt mich der Strand heut ein,
der Horizont taucht rot ins Meer,
ich hör die Möwen schreien.

Eifersucht am Meer

Still beobachte ich dich -
ich bin eifersüchtig auf den Wind,
der dich umfängt, dir die Haare zerzaust
die du lachend schüttelst.

Ich beneide die Wellen,
die spielend dich umschließen
mit dir im munteren Auf und Ab,
wonnig kühlende Berührungen.

Bin eifersüchtig auf die Sonne,
die nun mit ihren heißen Fingern
dich umkost und mit heißer Zunge
die Wassertropfen von deiner Haut leckt.

Ich schaue sehnsüchtig auf den heißen Sand
in dem du deinen Körper wälzt -
neide diesen kleinen Körnchen
die zärtlichen Hände, die sie rieseln lassen.

Doch wenn die Königin der Nacht aufblüht
will ich deine Sonne sein, die dich erglühen lässt,
bin dein Wind, der dich lachend zerzaust,
und unserer Hände Zärtlichkeit gehört nur uns.

1989

Einfach fühlen

Brennend der Sand
unter meinen nackten Füßen
Tickende Unruhe treibt voran
lässt mich keine Erlösung finden
in weit spritzender Brandung
Im Ersteigen der sanften Hügel
werden sie mir zu Bergen
In den Tälern leuchtet ein Lächeln
In seinem Erreichen
bist du mir Ziel

1978

Erinnerungssturm

Der weiße Sand fliegt hoch
von Promenadenbänken,
wenn wilde Winterstürme
nach den Küsten greifen.
Voll tiefem Weh
will ich der Zeit mit dir gedenken,
vom Wind getrieben
über leere Ufer streifen.

Die Sehnsucht gräbt sich tief
in leises Sandverwehen,
ich lasse meine Sehnsuchtsträume
darum ranken,
erinnernd sehe ich
uns dort im Sturm noch stehen:
wie Meerestropfen
wir von unsren Lippen tranken.

1977

26

Morgen am Meer

Er fängt mich ein, in sonnenheller Frische,
der Morgen, der das Meer verzaubernd grüßt,
lässt Stäubchen schillernd tanzen auf dem Tische,
derweil ein Gecko an der Wand sein Mahl genießt.

Der Duft der Blüten auf Zitronenbäumen,
der sinnlich sich in mein Verharren schwingt,
verführt mich sanft zu Wolkenschwebeträumen,
beflügelt von dem Lied, das mir das Meer froh singt.

Ein Sinnesrausch an Farben und an Düften
umhüllt mich, dankbar sitzend voller Muße
und aus azurblau- weißgetupften Lüften
erschallt der Vögel heller Ruf zum Gruße.

Agaven, Mandeln und die Bougainvillen
Zypressen, Palmen und Orangenhain
beflügeln farbig mich hier ganz im Stillen
und fangen mir die Lebensfreude ein.

2002

28

Wieder Freude am Leben

Atmen mit dem Wind
Singen mit den Wellen
Barfuß laufen im Sand
Kiesel springen lassen
Muscheln sammeln
auf dem Rücken liegen
Wolken nachsehen
Ich nehme das Gestern
aus den Erinnerungen
die „mit dir" singen
in mein Heute
und spüre wieder
Freude am Leben

1977

Frühling am Deich

Am Nordseedeich in lauer Luft
lauf ich dem Wind entgegen
seh' auf das dunkle Meer hinaus,
der Tag will sich schon regen.

Geduckt steh'n kleine Häuser da
vom hohen, grünen Wall geschützt,
am Horizont, der sich erhellt,
der erste Sonnenstrahl rot blitzt.

Ich schaue weit und atme tief
die Nordseeluft, so feucht und weich
und weiß, der Frühling ist nun hier,
der Frühling hier am Deich.

Goldene Lichtbänder

Goldene Lichtbänder tanzen
auf dem Blau der Wellen
die sich mit weißer Gischt krönen
Möwenrufe klingen heiser
und meine Hand ist so leer
ohne die deine
Brandungslieder öffnen mein Herz
dass dich immer noch sucht

1977

Heißer Atem des Sandes

Sonnenküsse heiß und brennend
Verlockend die Akazien am Rande
Baumschattenfinger sanft kühlend
Die Bank lädt ein zum Verweilen
Lauschen ins Flüstern des Meers
Zikadenwerben macht die Lider schwer
Gedankenwelten verschieben sich
Abgleiten in wohlige Entspannung

Liebe in Andalusien

Im Schatten der Bogainvillae und Zypressen
beobachten wir matt das Flirren des Lichtes,
das über die roten Berge springt
und sengend alles Grün gierig aufsaugt,
um es dann in blattlosem Beigebraun
auf die Felsen und in die Spalten zu hauchen.

Tagträumend im Sand, besprüht von Gischt
der sand- und muscheltragenden Wellen,
folgen unsere Herzen der Sehnsucht,
die auf der Sonne Bahn uns in den Abend trägt
und im Übergang von Tag zur Nacht
Verführung und Hingabe
in brechende Farben taucht.

1982

Meeresglück

Wir lassen uns treiben von Sonne und Wind
und spielen im Sand, wir fühlen uns Kind,
bauen aus Matsch eine Burg, einen Graben,
lassen die Muscheln als Reiter antraben.

Wir springen durch Wellen, durch sprühende Gischt,
am Abend wird dann ganz besinnlich gefischt.
Wir liegen im Sande, in Liebe vereint,
und still mit den Sternen der Mond auf uns scheint.

33

Liebe und Meer

Brausend tosend,
hohe Wellen schlagend
vom Wind getrieben
wild und ungestüm
regengepeitscht
sonnenbeschienen
sanft plätschernd
umarmend und wiegend
leise und laut
stürmisch und glatt
Aufsteigen und Fallen
Dahingleiten Gegenankämpfen
Wärme und Erfrischung

So das Meer
So unsere Liebe

Ich warte auf dich

Noch warmer Sand
unter den Füßen
Verrinnend wie die Wellen
Lass uns das Bett
das sich uns darbietet
wie der Wind
zerwühlen

Sanft wiegende Palmen
fächeln Luft
der heißen Haut
Senden vom Meer
wohltuende Brise
die mich umweht

Glut und Kühlung
in mir und um mich
ich warte auf dich

1982

Mein Meer

Ausgebreitete Arme,
den Kopf zurückgelegt,
die Augen geschlossen,
übermütige Windfinger
in den wehenden Haaren;

vorwitzige Zungenspitze,
kostend die salzigen Tropfen,
die aufstiebende Gischt
auf den geöffneten Lippen
in der Sonne glitzern lässt.

Unverfälschter Geruch,
warm prickelnder Hauch,
anschwellende Geräusche-
sich an Sand und Steinen
brechende Wellen,
verrauschend im Auslaufen,
sich sanft zurückziehend.

Urkraft, die mit sich nimmt,
was sich bewegen lässt
und willig Folge leistet.

Ich verharre, abwartend,
umspielt von den weißen
Locken der Wasserfrauen,
lasse mich von ihnen
geleiten im Wellentanz,
tauche ein in die Träume,
die mich unter dem Spiegel
der bewegten Oberfläche
das Wunder des absoluten
Loslösens lehren.

2008

Mond und Meer

zaubern

Silberspuren auf die Haut

Glitzernde Sternenstille

samtblaue Nächte

weben Traumatmen

im gemeinsamen Schweigen

Es singt die Liebe ihr Feuerlied

Sonnenheimat

Die Hitze lässt lähmend das Land erstarren

mit Trägheit impft flirrend die Mittagsglut.

Bougainvillae Duft lässt uns still verharren-

die Frische im Schatten tut unendlich gut.

Wir lauschen dem Meer, dem Wellengesang

das grünblau und perlend sein Lied für uns singt,

verharren im Schatten, wir warten so lang,

bis fliehender Tag kühles Lüftchen uns bringt.

1978

Wir sind eins

Tauche in stillen Wassern
staune über andere Welten
fühle mich frei

Tanze im Wind
eins mit seiner Kraft
fühle mich stark

fliege über den Wolken
greife nach Gestirnen
fühle Sehnsucht

Liege in Deinem Arm
fliege durch Raum und Zeit
fühle uns eins

Urlaubsmorgen

Er fängt mich ein, in sonnenheller Frische,
der Morgen, der das Meer verzaubernd grüßt,
lässt Stäubchen schillernd tanzen auf dem Tische,
derweil ein Gecko an der Wand sein Mahl genießt.

Der Duft der Blüten auf Zitronenbäumen,
der sinnlich sich in mein Verharren schwingt,
verführt mich sanft zu Wolkenschwebeträumen,
beflügelt von dem Lied, das mir das Meer froh singt.

Ein Sinnesrausch an Farben und an Düften
umhüllt mich, dankbar sitzend voller Muße
und aus azurblau- weißgetupften Lüften
erschallt der Vögel heller Ruf zum Gruße.

Agaven, Mandeln und die Bougainvillen
Zypressen, Palmen und Orangenhain
beflügeln farbig mich hier ganz im Stillen
und fangen mir die Lebensfreude ein.

1982

Mond und Sonne

Wenn der Mond die Sonne berührt,
wenn er zärtlich sie verführt,
wenn sie in seinen Arm sich schmiegt
und er sie sanft im Mondlicht wiegt.

Was wird mit Nacht und Tag passieren,
wenn Mond und Sonne sich berühren?
Sind wir dann Eins in Zeit und Raum?
Bleibt das für immer nur ein Traum?

Wer glücklich ist bei Tag und Nacht,
hat diesen Traum schon wahr gemacht.
Denn nur wer liebt, der kann es spüren,
wenn Mond und Sonne sich berühren!

Dieses Gedicht entstand
zur Sonnenfinsternis 1968

Winter am Meer

Wolken tragen Winterlichter
spiegeln sich im Wellenkamm
Schatten färben die Gesichter
silbern scheint der Uferdamm

Mundgehauchte Atemwölkchen
überfrieren leicht im Wind
Hungrig kreischt ein Möwenvölkchen
und das Wir so schnell verrinnt

in dem Strandgut der Gedanken
die mir dich nicht wiederbringen
die mich dornengleich umranken
Unser Lied wird nie verklingen

2000

Wellenumkost

Noch sommern Dünen und See
Wellenumkost entspannt der Leib
Glitzernde Küsse der Gischt
öffnen verluststarres Herz
Tränensalziges Wasser
wirft eine Muschel in meine Hand
Möwen singen heiser den Herbst

1977

Wintertag am Meer

Der Winter kam, ich steh am Meer,
es fehlt heut ganz des Himmel Bläue
der Wind ruft mit dem Wolkenheer:
„Schau, wie ich Winterblumen streue!"

Schickt auch die Sonne keine Strahlen,
so liegt auf Allem sanftes Scheinen,
wenn Schneekristalle ohne Zahlen
sich mit den Wellen zart vereinen.

Weißzarte Flocken, welche Fülle,
fall'n in die aufgewühlten Fluten,
und draußen in der Schemen Hülle
hör ich die Nebelhörner tuten.

2002

Wolkenspiele

Ihr habt mir
den azurblauen Himmel geschmückt.
Gebilde geschnitzt
aus Zuckerwatte,
schneebedeckte Felsen,
mit fliehenden Einhörnern,
Elfentanz und Flockenspiele,
Wolkenburgen und Schaumkronen.

Meine Seele fliegt mit euch
durch den Tag,
weit über das Meer
und kommt als Gischt zurück
muscheltragend
an unseren Strand.

2004

Im Orangenhain

Im Schimmer des Meeres
berühren sich sanft
Tag und Nacht,
wenn die Sonne
zischend untergeht.

Goldglänzende
Sandkörner auf der Haut,
noch umfangen
von der fliehenden Hitze
atmen wir uns,

umschlungen in den
länger werdenden Schatten
des betörend duftenden
Orangenhains.

1980

Sturmwind

Und ich laufe gegen den Sturm,
lasse ihn meine Haare zerzausen,
springe durch die
aufbrausenden Wellen,
lache durch die hoch spritzende Gischt
der auftauchenden Sonne entgegen,
die zwischen dunkel sich aufbäumenden
und wieder zerstiebenden Wolken
mit ihren warm tastenden Fingern
mir die Tropfen
aus dem Haar streichelt.

2009

Sommersprossen der Liebe

Aufgetaucht aus den Wellen,
aus den Mutterarmen Meer,
vereinigen sich die Tropfen
aus meinen
zurück geworfenen Haaren,
tanzen mit der
hochschäumenden Gischt,
die als Ornamente
von der gleißenden Sonne
auf meine Haut gebrannt wird.
Übermütig umfängst du mich
und wir lassen uns wieder fallen,
treiben gemeinsam
und Sommersprossen der Liebe
bleiben in unsere Herzen getupft.

1971

Sehnsucht

Das Meer, es rauscht und ruft
Mein ganzes Sinnen sehnt sich
nach der Vereinigung
mit Wind, Wellen und der Urkraft,
aus der wir kommen.

Sehnsucht – Sehnsucht – Sehnsucht
nach Meer

2006

Unverbraucht

Aufgeschäumte Meeresränder
lichtgemalt in Sehnsuchtsblau
leiser Wind trägt das Erinnern
legt es tief-warm in mein Herz.

Und das Hoffen bauscht in Wolken
sanft flieht Trauer vor dem Tag
Möwenkreischen wird zu Liedern
Freude tanzt der Wellenkamm

Nun erstehen vor mit Zeiten
durch die Liebe reich gemacht
Stark lebendig unverwundbar
bleibt sie in mir – unverbraucht

1977

Wir wollten

Wir wollten unsre Wolkenträume
der Sonne auf die Strahlen schreiben
und durch des Meeresschaumes Kronen
bei Vollmond in den Wellen treiben.

Wir wollten uns aus Lust und Liebe
den Leuchtturm wind- und sturmfest bauen,
mit Muscheln eine Sandburg krönen
und Hand in Hand nach vorne schauen.

Wir wollten uns das Salz des Windes
gemeinsam von den Lippen küssen
und ohne lästig nachzufragen
des Anderen Gedanken wissen.

Wir wollten... ich höre mich nur weinen
Wir wollten... und du bleibst ewig stumm
Wir wollten... du wurdest mir genommen
Wir wollten... der Schmerz bringt mich fast um.

1977

Wir saßen still in unsrem Boot,
ganz nah und tief in uns versunken,
und haben dann das Abendrot
in Liebe ausgetrunken.

1971

In mir ist Sommer

Die letzten Augenblicke zwischen Tag und Nacht-
ein letztes Vergehen der Sonne,
noch Tageslicht, rosa-orange untergehend,
gleißend voller Macht –
lassen mich noch immer
den Sommer spüren.

Im Zwielicht werfen wir uns
noch einmal ins Wasser,
fachen dann an des Feuers schwelende Glut,
liegen im Schilf, halten uns lange lustvoll umfangen,
am rauschenden Meer und fühlen uns so gut.

Hörst du auch das Zischen
des versinkenden Feuerballs,
das Klingen der Sterne,
die schon matt schimmernd stehn
und ihren sanften Abglanz
zu dem des Mondes gesellen,

sag mir mein Freund,
wirst du es immer erinnernd sehn?

Fernab von Lärm, in der vergehenden Wärme
erleben wir uns,
ein zartes Lüftchen, ein leichter Hauch
liegt auf dir und auf mir,
was wird uns morgen
und die kommenden Jahre erwarten?
In mir ist Sommer,
auch wenn ich ihn vielleicht
morgen schon verlier.

*

Alles vergessen

Und leise singt der Sommerwind
sein Lied von Sonne, Meer und Sand,
du nimmst mich, wie ein kleines Kind,
beschützend fest an deine Hand.
Wir laufen auf die Sonne zu,
die leuchtend lockt und uns entführt
ins kühle Nass - nur ich und du –
wir werden kosend sanft berührt.

Auf Wellen reiten, etwas balgen,
tauchen in die Wasserwelt,
bewerfen mit den grünen Algen,
treiben unterm Himmelszelt.
Muscheln suchen, Steine sammeln,
hüpfen lassen auf dem Meer,
im Sand uns wälzen, einfach gammeln
vergessen alles um uns her.

1983

Traumnacht

Wir haben uns im warmen Sand geatmet,
den Duft von Wärme und Salz getrunken,
wir lauschten den Möwen, dem Wellenspiel
und sind in Orkanen der Liebe versunken.

Wir haben uns in wilde Brandung geworfen,
das Lied der Liebe auch dort noch gesungen.
Der Wind hat unsre Melodien getragen,
sanft sind sie dann in der Traumnacht verklungen.

1976

Versunken

Die Wellen tanzen
und der Wind trägt Wärme
Hand in Hand
vom Deich geführte Schritte
Atmen im Gleichtakt

Plötzlich unverhofft
deine Hand an meiner Wange
tausend Liebesfunken strömen
aus deinem Lächeln
direkt in mein Herz

1976

Du

Ich suche das vertraute DU
in den rollenden Wellen,
die den Saum des Landes küssen.
Möwenschreie zerkratzen
das sanft rauschende Jetzt
und krallen sich in mein Sehnen.
Leere, ausgestreckte Hand
zwischen goldenem Sand
und der blauen Weite.

1977

Schwebend im Sein

Säuselnder Wind,
der meine Haare wie ein Segel
in der flirrenden Hitze
der gnadenlosen und doch spielenden
Sonnenstrahlen hochbauscht.

Sieh meine Schritte
durch blitzende Sandkristalle eilen ,
die aufgeheizt - glühenden Kohlen gleich,
die erleichtert enden
in den schmeichelnden, fast umkosenden,
Perlen sprühenden kleinen Wellen
mit schäumender Gischt.

Treib mich weiter,
eintauchend, sanft ruhend,
getragen, eingebettet in Wasser,
Meer voller Sehnsucht,
mit geschlossenen Augen nehme ich wahr –

ich bin Schiff, ich bin Wind,
ich bin Wasser, ich bin Sonne,
ich bin Fisch, ich bin Muschel,
anvertraut meinem Element,
endlos schwebend
in den Weiten des Kosmos.

1994

Versunken

Die Wellen tanzen
und der Wind trägt Wärme
Hand in Hand
vom Deich geführte Schritte
Atmen im Gleichtakt
Plötzlich unverhofft
deine Hand an meiner Wange
tausend Liebesfunken strömen
aus deinem Lächeln
direkt in mein Herz

1976

Inselwinter

Der Frost umfängt die hohen Dünen,
man ist am Strand oft ganz allein.
Doch zeigen sich so neue Bühnen,
die können wild und tobend sein.

Romantisch, einsam kann man sehen,
wie änderlich der Himmel sich uns zeigt,
wenn rosa- lila-blaue Wolken gehen
und sich der Tag zur Abendstille neigt.

Und bäumen sich die Wellen auf wie Türme,
der Wind heult brüllend mit dem Möwenchor,
dann gehen selten Menschen durch die Stürme,
sie kommen nicht aus warmen Häusern vor.

Die Gischt sprüht Nadeln, eisig spitze,
sie bohren sich in unbedeckte Haut.
Und doch, zieht Kälte auch in jede Ritze,
ich liebe es, ich bin damit vertraut.

Mit roten Wangen geht es dann ins Warme,
ob Kneipe, Gasthaus, Café - einerlei,
ein Heißgetränk schließt uns in seine Arme,
ob Kaffee, Tee, Kakao - Rum ist dann auch dabei.

2004

Im Morgengrauen

Ganz still sitz ich im Morgengrauen
und sehe Schleier auf dem Meer.
Ich seh sie tanzen – Nebelfrauen,
der Wind treibt sacht sie vor sich her.

Dort in der Lüfte zartem Weben,
im Dämmerlicht, am Uferrand,
fühl ich sie zu den Dünen schweben,
Berührungen an meiner Hand.

Ein feuchter Kuss, ein zartes Streichen,
und ehe ich es fassen kann,
da lässt die Sonne sie entweichen
ein neuer Tag fängt für uns an.

2008

Was mir am Meer gefällt

Der Tag beginnt mit Sonnenfunkeln
mit vollen Kuttern kehren heim
die Fischer, die noch ganz im Dunkeln
die Netze warfen in die Wellen ein.

Mein Blick umfängt die große Beute,
nicht immer sind die Fänge reich.
Schon stürzt sich auch die Möwenmeute
auf Fisch und Krabben dort vor'm Deich.

Die Sonne leuchtet auf der Fischer Lachen,
das diesen Tag nun mit erhellt.
Wie liebe ich dies rege Tagerwachen.
Das ist es auch, was mir am Meer gefällt.

2005

Nymphentanz

Lausch mit mir der Meer-Abend-Stille,
die fast greifbar nah um uns steht,
und unserer Wunschdenken Fülle
zu Dämmerungs-Wolken hoch weht.

Vergehender Schein müder Sonne
schenkt Wellen noch gold-roten Glanz
und wir spüren in Nähe und Wonne,
so mystisch der Gischt-Nymphen Tanz.

1977

Blutmond

Ich laufe am Meer
und suche dich noch immer
Zurückholen möchte ich
dein zärtliches Werben
die warme Hand
das Wellenflüstern
Glückseligkeit
nie enden wollender Zauber
Doch die neidenden Nornen
entrissen dich dem Hier
Der Blutmond schreit
meine Küsse im Sand verwehen

1977

Sturmnacht

Wie sie tosten, wie sie jagten,
nicht nach Wall und Mauer fragten,
Stürme tobten durch die Nacht,
haben Furcht und Leid gebracht.

Hoch wie Berge stiegen Wellen,
konnten über Deiche quellen,
walzten nieder, was zu schwach
und wir blieben alle wach.

Rissen Löcher in die Dächer,
holten sich dann immer frecher
manches Schaf und manche Kuh
und wir schauten hilflos zu.

Dann am Morgen wurd' es leise,
Meer sang eine Friedensweise,
rauschte Moll und pfiff dann Dur,
glatte See zeigt sich nun pur.

Keiner hat die Urgewalten
je im Wirken aufgehalten,
kein Befehl und kein Gebet,
Urkraft ist's, die uns verweht.

2011

Ich fühle dich noch

Ich fühle noch die warme Hand
mit der du mich gehalten hast
und seh das Meer und auch den Strand
mit deinen blauen Augen an.

Die Wellen singen unser Lied,
ich singe mit, dann spüre ich
du singst im Herzen warm mit mir,
das macht, dass ich nun nicht mehr frier

Mein Herz schlug lange gleichen Takt
mit deinem Herzen, brennend heiß,
und die Gefühle lagen nackt
am Ufer der Unendlichkeit.

Die Götter wollten unser Glück
- wohl neidend - nicht mehr sehen
und ließen dich, ohne Zurück
in Ewigkeit dann gehen.

Ich atme deinen Atem mit,
fühl dich in jedem Hauch ganz dicht,
und meine Seele geht im Schritt
mit deiner bis ins helle Licht.

1977

Unvergessen

Ich schaue den Wellen zu
die Muscheln an den Strand spülen
Die Gischt schäumt weit leuchtend
und da
ein Schatten zieht über das Ufer
bleibt neben mir
und ich fühle
du bist da, ganz nah
und der Schmerz singt
Unvergessen

1977

Abdruck

Ließ ich ihn einst zurück,
den Abdruck meines Seins?
Ließ ich die feine Spur
am fremden Meeresstrand?

Wer hob die Muschel auf,
die ich am Ufer fand,
die feine Silberschale,
die dann verlor die Hand?

Fand Abdruck deines Fußes,
spät - gestern vor der Nacht,
Die Wellen drüber gleiten,
eh neu der Tag erwacht.

Der Möwenschrei am Wasser
verhallt so schnell im Sturm,
und nur das Licht des Mondes
beleuchtet still den Turm.

Brandungswellen

geben hoch springender Gischt
Goldhauben in der versinkenden Sonne
Dieser Duft der Zitronen und Bogainvillae
im samtenen Streicheln des Südwinds
lässt uns träge verharren

Du küsst mir letzte Orangentropfen
in schwerer Süße von den Lippen
und unsere Umarmung
umfasst die ganze Welt.

Almeria 1978

Tauche in stillen Wassern

staune über andere Welten
fühle mich frei

Tanze im Wind
eins mit seiner Kraft
fühle mich stark

fliege über den Wolken
greife nach Gestirnen
fühle Sehnsucht

Liege in Deinem Arm
fliege durch Raum und Zeit
fühle uns eins

So frei

Ich träume mich weg
aus dem hektischen Alltag
und fliege mich frei
mit den Wünschen in mir.

Ich atme die Sonne
und wühl mich durch Wolken
Sink langsam hernieder
am schäumenden Meer.

Ich tauch durch die Wellen,
hab Sand in den Haaren
und streife wie Seetang
die Sorgen hinweg.

Ich lach mit den Möwen
und schreibe mit Muscheln
ein frohes ICH LEBE
als Gruß an den Strand.

1981

Mit den weißen Wolken

Mit den weißen Wolken schweben,
ja, das wünsche ich schon lang,
seit der Kindheit steigt das Sehnen,
immer wenn mein Herz so bang.
Möchte mit den Vögeln fliegen,
mit den Winden weiter zieh'n,
alles Schwere hier vergessen,
vor dem Alltag einfach flieh'n.

Über Berge, Wälder, Meere
würde mich mein Fühlen tragen,
jenseits aller Sorgen, Schmerzen,
fern von allen Menschenklagen.
Ganz, ganz tief in all mein Wünschen
dringt der Seele stilles Wort:
„Du erreichst mit deinen Träumen
mühelos schon jeden Ort."

1977

Leg dich zu mir

Leg dich zu mir
in den goldenen Samt
des Flussufers

Lass uns träumend
dem springenden Wasser
den fliehenden Wolken
zusehen

und Gedankenbildern
lauschen
die von Heimat
in der Ferne singen

Spanische Nacht

Diese Nacht ist phantastisch-
sternenklar u. berauschend.
Atemlose Lust weckt der große,
rot-goldene Mond.

Das Dämmerlicht umfängt uns.
Dieses ganz besondere Licht,
das die Haut so sinnlich,
so verführerisch schimmern lässt,
im Nachtlicht am Strand.

Wellen, die unser Lied singen.
Ein leichter Wind ,
der sanft die Seele streichelt.
Milde Luft,
von der man nie genug atmen kann.

Ein zarter Hauch,
der uns immer wieder zittern lässt -
aber nicht vor Kälte.

Ich kann mich nicht bewegen,
aber ich will es auch gar nicht.
Du siehst die Lust
in meinem Auge glitzern,
wie ich auch in deinen.

Wenn alle Nächte so wären
bräuchte ich keine Tage mehr.

Almeria 1989

Dünen

Dünen wandern im Wind
von unsichtbarer Hand
in Hügel und Täler
immer neu formiert
dem Lied der Wellen folgend

Sand

Flirrend heiß
im Sonnenlicht,
kraftvoll verschoben
durch der Wellen Rhythmus.
Weißer, mit Muscheln gesäumter
Sand - Strand

Möwen

Ich lausche dem
Lied des Ursprungs
unseres Lebens,
Meeresrauschen.

Heisere Rufe
wecken mich
aus meiner Versunkenheit.
Weißes Federkleid
blitzt im grellen Licht
der Mittagssonne.

Muschelreich und menschenleer
lädt mich der Strand heut ein,
der Horizont taucht rot ins Meer,
ich hör die Möwen schrei'n

Meereswellen

Meereswellen brausen wogend
meterhoch den Strand hinauf,
wie ein feiner weißer Nebel
weht die Gischt zum Himmel auf.

Brodelnd - stampfend zornig grollend
kocht das große weite Meer,
wo noch gestern Kinder lachten
ist der Strand nun menschenleer.

Nur ein paar - verwegen - mutig
trotzen Wellen - Sand und Sturm,
stehen lachend in den Fluten
Arme reckend wie ein Turm.

Doch auf einmal wird es ruhig
Meer erstrahlt im Silberlicht,
leuchtend wie ein glatter Spiegel
keine Welle sich mehr bricht.

Flirrender Sommer

blitzblauer Himmel
Wir liegen im störrischen Ried
atmen das Salz der Luft
lauschen dem Rauschen
der muscheltreibenden Wellen

Horizont zeigt sich dunstig
Wir leben die Stille
Haben das Licht
auf der Haut eingefangen
das sich im Wasser
tausendfach spiegelt

Wir sind Eins mit uns
mit dem Wind und den Wellen

1976

Mein Meerestraum

Ich träum mich an den Meeresstrand,
entfliehe dem gelähmten Sein,
such Muscheln wieder in dem Sand,
spring fröhlich in die Wellen rein.

Des Strandes Duft, er schmeckt nach Salz,
aus Süden weht ein warmer Wind,
nach Hause ziehts mich keinesfalls -
fühl mich befreit, werd wieder Kind.

Die Wogen tragen mich hinaus,
sein Wasserlied raunt leis das Meer.
Ich wache auf und schaue raus:
Die Meeressehnsucht wiegt doch schwer.

Glück in den Dünen

Raunen und Wispern
in den Dünen
Möwenrufe
durchbrechen Wellengesang
Warmes Licht
das den Körper durchstrahlt
und aus deinen Augen
sich in meine senkt

Ein Schauer des Glücks
dies erleben zu dürfen
umfängt mich heiß
und diese Glut nehme ich mit
wenn mich der Alltag
wieder umfängt

Inselpfad

Angekommen
und der vertraute Pfad
zeigt sich im altbekannten Kleid
Hand in Hand laufen wir barfuß
durch den warmen Sand
Alles lassen wir fallen
und stürzen uns in die Wellen
die so lange schon gerufen haben

Sehnsucht

Sand rieselt aus einer vergessenen Jacke
als Urlaubsgruß auf meine Füße
und schon sind sie da
die Bilder einer unbekümmerten Zeit
Einer Liebe die nie enden sollte
doch die Nornen holten dich weg von mir
Sehnsuchtsvolles Gefangensein
in meiner Ungläubigkeit
wenn sich die Brandungslieder
in meinem Herzen breit machen.

1977

Ich und Meer

Ich fühl das Meer, ich bin das Meer
und alles Wogen um mich her
lässt singen und klingen durch tragende Wellen
mal klingt es wie Glocken und mal wie die Schellen.

Das Schwere loslassen, die Freiheit genießen,
tief tauchen und dann wieder himmelwärts grüßen.
Die Brandung, die Wogen - geheimnisvoll schwer,
sie tanzen und zeigen mir: Ich bin das Meer.

2002

Herzensmensch

Wir gehen schweigend Hand in Hand
durch Dünen hin zum Meeresstrand
Wir finden Muscheln, die leis singen
sie lassen es wie Liebe klingen

Wir würden gerne Perlen sein
und schlössen uns in Muscheln ein
Versteckt vor aller Augen lauschen
wir so nur noch dem Meeresrauschen

das mit dem leisen Brandungsschlag
uns immer wieder rufen mag
Ich bin ganz dein für alle Zeit
Mein Herzensmensch in Ewigkeit

Wetter

Am Himmel sich die Wolken türmen
und pfeifend laue Winde stürmen.
Es färbt der Horizont sich grell,
die Gischt zeigt sich am Strand ganz hell.

Wie Drachen heben sich die Wellen,
die vor- und wieder rückwärts schnellen,
verschlingen tief in ihren Schlünden,
was sie Bewegliches noch finden.

Die Fische dort am Strand erliegen,
grell kreischend tief die Möwen fliegen,
und holen sich die Köstlichkeiten,
die Stürme ihnen stets bereiten.

Die Kraft, die Schönheit solcher Tage,
ist ein Erleben ohne Frage.
Zeigt sich mir doch so völlig pur
was ich so liebe, die Natur.

1998

Nur geträumt

Ich baute das kleine Papierschiff für dich,
mein Kind, wir ließen es schwimmen
und wie ein Traumbild entstanden für mich
die Bilder, die sehnsuchtsvoll stimmen.

Ich flog in Gedanken weithin an das Meer,
ich roch seinen Atem und hörte sein Lied,
ich fühle die wogenden Wellen so sehr,
welch Wunder doch in unsren Träumen geschieht.

Der Wind trug mich weit auf den Leuchtturm hinauf,
ich schaute dem Meertreiben voll Freude zu,
die Sonne beendete leuchtend den Lauf,
mein Fühlen kam langsam zur Ruh.

Millionen von Sternen, sie zeigen den Weg...
„Ach Mami, schau an, was geschieht!"
Ein Stimmchen weckt mich aus den Träumen nun auf,
weils Schiffchen versank und nicht hielt.

1982

Faszination

Hör dem Plausch der Wellen zu
sie singen das Lied vom Leben
Schmeck den Salzschaum der Gischt
er trägt in sich das Wollen
Höre das scharfe Zischen des Windes
es formt hoch und eben
Atme das Meer
Tanze im Sand
Lass dich von den Wellen tragen
tauche in die Faszination
des atemlosen Reiches
und werde Teil des Unaufhaltbaren

Wolke

Der warm dahin treibende Wind
spielt mit den Wolken
treibt sie am Strand entlang
hängt sie über den Leuchtturm
um sie dann über das Meer
in alle Weiten zu scheuchen
Ich wäre nun gerne eine Wolke

Mein Abschied

Mein Abschied ist ein stilles Weinen,
denn nun seh ich dich niemals mehr.
Gesundheit lässt mich nicht erholen
und weh wird klar, du fehlst mir sehr.

Die Kraft fehlt mir, dich zu erreichen,
doch trösten mich die schönen Zeiten,
in denen ich mit dir eins war,
mit Wolken, Wellen, deinen Weiten.

Ich sag Ade, geliebtes Meer,
im Herzen bin ich eins mit dir
du halfst mir leben, oh wie sehr
warst du ein Segen mir.

2020

Flora von Bistram ist das Pseudonym von Ursula Heinemann,
Jahrgang 1949, Berufe Erzieherin, Heilpädagogin,
seit fast 50 Jahren Heilpraktikerin, Autorin
lebt jetzt in Hildesheim/ Niedersachsen.
Schon als Kind erzählte und schrieb sie gerne Geschichten,
später kamen Gedichte hinzu.
Der Autorenname ist der Name ihrer Vorfahrin.
Zwei Kinder, drei Enkel, ein Urenkel
Viele Jahre Mitglied im Club Forum Literatur in Ludwigsburg.

Bücher (1989-1997)

Licht und Schatten; Sternenjunge 1-5; Mareike 1-3; Eiszeit;
ab 2007:

Lebensscherben ISBN: 978-3-939783-32-9;

In der Stille ISBN: 978-3-9812428-0-5;

Auf den Flügeln der Nacht ISBN-13:978-3941373150;

Halt die Zeit an ISBN-Nr.9783842326361

Komm näher ISBN-13:978-3848217694;

Licht und Schatten 2 ISBN-13 : 978-3734741845

Narben ISBN-13 : 978-3744868280

Ich bin doch ein Sternenjunge ISBN-13 : 978-3741283260

Die Seele will heim ISBN: 9783734701184

In mehreren Ausgaben der EREMITAGE vom Peter Valentin Verlag in
Ludwigsburg erschienen Gedichte und Geschichten von ihr.
In Weihnachtsgeschichten für Erwachsene I vom Mohlandverlag
erschien die Geschichte Frohe Weihnachten
ISBN 978-3-86675-049-4
Im Jahrbuch 2007 Lyrik und Prosa vom Mohlandverlag
erschien die Geschichte Geben und Nehmen
ISBN: 978-3-86675-054-8
Mitglied im Verein "Respekt für Dich"
Bücher > Jedes Wort ein Atemzug...
An 3 Büchern zugunsten der Hilfe für Gewaltopfer mitgewirkt
Der Erlös dieser Bücher geht zu 100 % an die Hilfe für Gewaltopfer.

2014 Preisträger des Hildesheimer Lyrikwettbewerbs,
der international ausgeschrieben war

Inhaltsverzeichnis

© 2023 Flora von Bistram
Herstellung und Verlag: BoD – Books on Demand, Norderstedt
ISBN: 9783751931700